AF305642

TABLEAUX

MODERNES

AQUARELLES, DESSINS

CURIOSITÉS, CÉRAMIQUE

SCULPTURES, BRONZES, MEUBLES

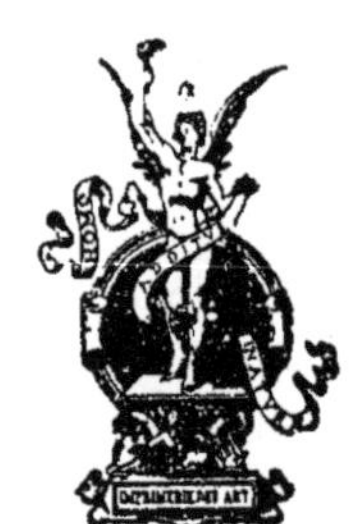
IMPRIMERIE DE L'ART

Vente après décès de M. le Dr LECAUDEY

TABLEAUX MODERNES

Aquarelles, Dessins

ŒUVRES PAR

E. BOUDIN, DE BEAUMONT, BOILLY, J. BENNER, CHINTREUIL,
COURBET, E. DUEZ, H. DUPRAY,
DEVERIA, TH. FRÈRE, KARL GIRARDET, HENNER, CH. JACQUE,
JONGKIND, MONTICELLI, MONGINOT, AIMÉ PERRET,
TH. RIBOT, TROYON, H. VERNET, VIOLLET-LE-DUC, ETC.

OBJETS D'ART ET DE CURIOSITÉ

Miniatures, Boîtes, Bijoux, Argenterie, Émaux peints, Ivoires,
Porcelaines modernes de Sèvres et de Saxe, de Chine et du Japon,
Nombreuses Faïences de diverses Fabriques,
Sculptures, Bronzes, Meubles d'Art, Objets divers, Livres

HOTEL DROUOT, SALLE N° 7

Les Vendredi 22 et Samedi 23 Mars 1901

à deux heures.

COMMISSAIRES-PRISEURS

Me M. DELESTRE	M^e CH. BAILLY
5, rue Saint-Georges	1, rue Rossini

EXPERTS

Pour les Tableaux	*Pour les Curiosités*
M. L. BREYSSE	M. B. LASQUIN
11, rue Laffitte	12, rue Laffitte

EXPOSITION PUBLIQUE

Le Jeudi 21 Mars 1901, de 1 heure à 5 heures 1/2.

CONDITIONS DE LA VENTE

Elle se fera au comptant.

Les acquéreurs paieront *dix pour cent* en sus des prix d'adjudication.

Paris. — Imp. de l'Art, E. Moreau et Cⁱᵉ, 41, r. de la Victoire.

DÉSIGNATION

TABLEAUX
AQUARELLES, DESSINS

ANASTASI

1 — *Paysage, vue de Hollande.*

Panneau.

BOUDIN (E.)

2 — *Honfleur.*

Panneau.

A gauche: *E. B. Honfleur, 18 août 1860.*

Haut., 26 cent.; larg., 42 cent.

BOUDIN (E.)

3 — *Vue de port.*

Panneau.

Signé à droite.

Haut., 26 cent.; larg., 37 cent.

BEAUMONT (G. DE)

4 — *Deux Femmes pour un mouchoir.*
Dessin rehaussé.

BEAUMONT (G. DE)

5 — *Allah Kérim! Les femmes sont chères.*
Dessin rehaussé.

BOILLY

6 — *Portrait.*
Dessin rehaussé.

BOILLY (D'après)

7 — *Joueurs de dames.*

BLONDEL

8 — *Jeune fille.*
Peinture signée.

BENNER (JEAN

9 — *L'Escalier de Capri.*
Gravure.

CHINTREUIL

10 — *La Maison du douanier à Equibren. (Bou-
logne.)*
Toile.

COURBET (G.)

11 — *Paysage : Rochers.*
Toile.

COUTURIER (P.-L.)

12 — *Intérieur de poulailler.*
Toile.

CORTÈS (A.)

13 — *Vaches et moutons au pâturage.*
Toile.

CAGNIART (E.)

14 — *Rue Saint-Romain à Rouen.*
Pastel.

CAUCHOIS (A.)

15 — *Fruits divers et bibelots.*

DUEZ (E.)

16 — *Sur la jetée.*
Signé à droite.

DUPRAY (H.)

17 — *Grenadiers de la première République.*
Panneau.

DEVÉRIA (A.)

18 — *Portrait d'homme.*
Dessin.

FRÈRE (Th.)

19 — *Rue à Alger.*
Panneau.

FRÈRE (Th.)

20 — *Jérusalem.*
Panneau.

FRÈRE (Th.)

21 — *Les Pyramides.*
Toile.

FRÈRE (Th.)

22 — *Intérieur de mosquée.*

GIRARDET (Karl)

23 — *Les Laveuses.*
Toile.

HENNER

24 — *Madeleine.*
Panneau.
Signé à gauche.

JACQUE (Ch.)

25 — *La Provende.*

> Toile. Haut., 65 cent.; larg., 54 cent.

JONGKIND

26 — *Le Mûrier.*

> Aquarelle.
> Signée à droite, datée 29 juin 1880.

KRATKÉ (L.)

27 — *Défilé devant l'empereur.*

> Toile.

LAMBRECHT

28 — *Scène familiale.*

MONGINOT (C.)

29 — *Chats dans une corbeille.*

> Toile.

MILLET (J.-B.)

30 — *Récolte de pommes de terre.*

> Aquarelle.

MOUTTE (Alphonse)

31 — *La Corniche à Marseille.*

> Toile.

MOUTTE (Alphonse)

32 — *Marin fumant.*

Dessin rehaussé.

MOUTTE (Alphonse)

33 — *Joueur de mandoline.*

Copie de Meissonier.
Aquarelle.

MONTICELLI

34 — *Personnages.*

MEISSONIER

35 — *La Conversation.*

Fac-simile de A. Robaut.

MEISSONIER

36 — *Le Fumeur.*

Eau-forte orignale. Très belle épreuve.

OUVRIÉ (Justin)

37 — *Falaise et plage.*

Aquarelle.
Dédicace et signature à droite.

PERRET (Aimé)

38 — *Retour des champs.*

RIBOT (Tʜ.)

39 — *Tête d'enfant.*
Dessin.

TROYON (C.)

40 — *Tête d'âne.*
Étude sur carton.

VERNET (H.)

41 — *Grenadier.*
Toile.

VERNET (H.) (Attribué à)

42 — *Aquarelle.*

VIOLLET-LE-DUC

43 — *Aquarelle.*

VIOLLET-LE-DUC

44 — *Aquarelle.*

VIOLLET-LE-DUC

45 — *Aquarelle.*

MINIATURES ET BOITES

46 — Gouache Louis XIV : Portrait de la duchesse de Bourgogne.

47 — Miniature ovale, signée : d'Aubigny Dautel : Portrait d'homme, en buste.

48 — Miniature ovale, signée : Hyacinthe M. : Portrait présumé de la princesse Borghèse.

49 — Miniature en grisaille sur vélin : Jeux d'enfants, genre de Klindstedt.

50 à 52 — Seize pièces : boîtes et miniatures, portraits et sujets. Styles Louis XVI et Empire.

BIJOUX, ARGENTERIE

53 — Petite montre Louis XVI en or ciselé, avec petit émail : Tête de femme et entourage de jargons.

54 — Deux montres anciennes en argent.

55 à 70 — Collection d'objets d'étagère en argent, de différents styles : jardinières, corbeille, coupes, plateaux, petits vases, ustensiles divers, petits meubles, etc.

71 — Petite salière trilobée, genre Renaissance, en argent.

72 — Petite coupe trilobée en argent.

ÉMAUX, IVOIRES

73 — Plaque d'émail translucide, peinte par *Grandhomme*, représentant une tête de femme, d'après Léonard de Vinci, dans un encadrement en argent, de style Renaissance, exécuté par *Falize*, orfèvre, d'après *Legros*.

74 — Tryptique en émail translucide : sujet de bataille.

75 — Petit émail de Nouailher, de Limoges, représentant saint Joseph.

76 — Diverses plaques en émail peint : sujets religieux.

77 à 80 — Ivoires, coffrets chinois, statuettes et figurines japonaises.

81 — Haut relief en cire peinte, de travail italien du xviie siècle, représentant le Sacrifice d'Abraham.

82 — Vase en pierre de lard sculptée, de travail chinois.

PORCELAINES
DE SÈVRES, DE SAXE ET AUTRES

83 — Cabaret tête-à-tête en porcelaine de Sèvres, fond bleu marbré avec bande de fleurs.

84 — Coupe sur piédouche en porcelaine mince de Sèvres ajourée, fond lilas rehaussé de dorure.

85 — Deux petits vases, style Louis XVI, en porcelaine genre Sèvres, fond gros bleu avec peintures genre Lancret et rehauts d'émaux et de dorure.

86 — Deux vases ovoïdes en Saxe moderne.

87 à 100 — Environ vingt-cinq pièces, groupes et figurines, en porcelaine de Saxe moderne.

101 — Tasse et soucoupe en vieux Sèvres, à décor de fleurs.

102 à 105 — Verrerie de Venise et de Bohême.

106 — Deux vases ovoïdes côtelés en porcelaine de Berlin, décorés de médaillons avec figures.

107 — Boîte ovale, en porcelaine de Naples, à sujets en relief.

108 — Petite boîte à thé, carrée, en vieux Delft, décor bleu.

109 — Salière trilobée, en porcelaine tendre de Sèvres, à filets bleus et or.

110 — Deux vases en Sèvres moderne, fond vert d'eau.

111 à 115 — Diverses pièces en verrerie artistique de Brocard et autres.

116 — Pomme de canne en porcelaine de Saint-Cloud, manche de couteau et pomme de canne en Saxe.

PORCELAINES DE CHINE
ET DU JAPON

117 — Garniture de cinq pièces : trois potiches et deux cornets en vieux Japon, décor bleu, rouge et or.

118 — Petite jardinière en forme de commode, en porcelaine de l'Inde, décorée en couleurs.

119 — Plat en vieux Chine, décoré en émaux, de la famille verte.

120 — Vases en porcelaine de Canton.

121 — Jardinière en porcelaine de Chine.

122 — Plat rond en vieux Chine, décor en émaux roses à fleurs. Cadre en bois noir.

123 — Divers plats et assiettes en vieux Chine, de décors variés en émaux de couleurs.

124 — Plats, assiettes et compotiers, en vieux Japon et décors variés.

125 — Grand plateau forme feuille et deux plats en porcelaine de Chine de la Cie des Indes, décorés de fleurs.

126 — Deux grands vases en porcelaine japonaise, émaillée en couleurs, à fleurs et figures.

127 à 131 — Petits vases en porcelaine de Chine à tons unis, gros bleu, bleu turquoise, vert et gris céladon.

132 — Tasses en porcelaine de Chine.

FAIENCES

133 — Garniture de cinq pièces en faïence à décor bleu, genre de Delft.

134 — Vases en céramique moderne.

135 — Tasses en porcelaine Louis XVI et Empire.

136 à 150 — Plats et assiettes en faïence ancienne de Moustiers, Marseille, Rouen, de différents décors en couleurs et en bleu.

151 à 175 — Quantité de pièces en faïence de diverses fabriques :

Petites potiches en Delft polychrome, sucrières en Rouen et Moustiers, vases e

Delft décor bleu, bénitiers en faïence italienne, huiliers, cannettes, brocs, vases divers en faïence allemande et italienne.

176 — Petites assiettes et plaques en faïence de Castelli.

177 — Plats en ancienne faïence de Delft.

178 — Plats en vieux Rouen, décor polychrome.

179 — Plat ovale en faïence de Moustiers, décor bleu genre Bérain.

180 — Soupières en faïence de Strasbourg.

181 à 184 — Grands plats en faïence artistique de Parvillée, à décors de fleurs.

185 à 190 — Plats en faïence de Rhodes.

191 — Plaques de poêles en faïence de Nüremberg, à figures émaillées en vert et jaune.

192 — Faïences diverses.

SCULPTURES BRONZES

193 — Statuette de Vénus accroupie, marbre blanc, signée de *G. Rossi*, socle en peluche rouge.

194 — Statuette de faune, marbre blanc d'après
l'antique.

195 — Cheval blessé, siège de Paris 1870, bronze
d'après Meissonier, fondu par Bingen.

196 à 200 — Petits bronzes d'art : Statuette de
Jeanne d'Arc, de Grandet; bustes de Voltaire,
de Rousseau et de Henri IV.

201 — Groupe de trois figures en bronze japo-
nais, sur socle en bois laqué.

202 — Petits bronzes du Japon : brasero, figurines, cassolettes, etc.

203 — Pièces en étain : brocs, choppe, cannettes,
plats, assiettes, flambeaux.

204 — Suspension de salle à manger en bronze
doré, à griffons et ornements, disposée pour
l'éclairage électrique.

MEUBLES D'ART

205 — Crédence vitrée du haut, en bois noir
de style Renaissance, ornée de plaquettes de
lapis et surmontée d'un fronton avec statuette
de bronze. Exécutée par SAUVREZY.

206 — Buffet-étagère de salle à manger en chêne
sculpté exécuté par *Dupuis* sur les dessins de
Viollet-le-Duc.

207 — Une desserte, une table et douze chaises
garnies de cuir de Cordoue.

208 — Jardinière ovale en noyer style Renaissance.

209 — Vitrine en bois noir sculpté, style Louis
XVI, à tablettes en glace.

210 — Grande bibliothèque à trois vantaux style
Renaissance, en bois de noyer sculpté, le bas
à cariatides, le haut avec frise et écusson.

211 — Buffet à trois vantaux en bois sculpté, le
bas à portes pleines, le haut vitré.

212 — Grande vitrine flamande en bois de chêne
et bois noir, ouvrant à deux portes cintrées.

213 — Cabinet de style Renaissance en bois
sculpté avec montants à figures, le haut ouvrant à abattants.

214 — Guéridon à quatre pieds en bronze, à cariatides d'enfants, feuillages et griffes, dessus
en mosaïque de marbre.

215 — Paravent à trois feuilles, à encadrement de style rocaille en bois sculpté et peintes à sujets genre Watteau.

216 — Petit coffre ancien en noyer sculpté à figures.

217 — Coffre à bois style Renaissance, en bois sculpté à figures et dessus garni de cuir.

218 — Meubles divers.

LIVRES

219 — Histoire de la faïence persane, suite de planches en couleurs.

220 — Catalogues de collections avec gravures.

www.ingramcontent.com/pod-product-compliance
Ingram Content Group UK Ltd.
Pitfield, Milton Keynes, MK11 3LW, UK
UKHW031714170726
13836UKWH00001B/235